LE BRÉSIL
A BOURGES

NOTICE

SUR LA

SECTION BRÉSILIENNE

Directeur : M. H.-R. LE COCQ

DÉLÉGUÉ

DE LA SOCIÉTÉ Centro da Lavoura e Commercio

DE RIO-DE-JANEIRO

PARIS

14, RUE DE LA GRANGE-BATÉLIERE, 14

1886

LE BRÉSIL A BOURGES

NOTICE

SUR LA

SECTION BRÉSILIENNE

Directeur : M. H.-R. LE COCQ

DÉLÉGUÉ
DE LA SOCIÉTÉ Centro da Lavoura e Commercio
DE RIO-DE-JANEIRO

PARIS
14, RUE DE LA GRANGE-BATÉLIÈRE, 14

1886

NOTICE

SUR LA SECTION BRÉSILIENNE

I

Empire du Brésil

Situation et étendue. — L'empire du Brésil est situé dans la partie la plus orientale de l'Amérique du Sud. Ses frontières touchent à celles de tous les Etats indépendants et de toutes les colonies européennes de cette partie du Nouveau-Monde, le Chili excepté. Il est compris entre 5° 10' de lat. N. et 33° 46' 10" de lat. S., et 8° 21' 24" de long. E., et 32° de long. O., du méridien de Rio-de-Janeiro. Il comprend la quinzième partie de la surface terrestre du globe, la cinquième des deux Amériques et plus des trois septièmes parties de l'Amérique du Sud. Sous le rapport de l'étendue, le Brésil prend rang tout de suite après la Russie, l'empire Britannique et la Chine.

Superficie. — La superficie de l'empire est évaluée à 3.250.000 milles carrés, ou seize fois la surface de la France ou de l'Allemagne, et trente fois celle de l'Italie. Son littoral présente une longueur de 5.000 milles.

Aspect général. — Le sol du Brésil présente, en général, des ondulations assez remarquables ; il est moins montagneux à l'extrémité méridionale. Il renferme de vastes plaines, de larges vallées et d'immenses cours d'eau. Au centre, on trouve de larges plateaux élevés et de nombreuses chaînes de montagnes qui suivent diverses directions.

Climat. — Le climat est chaud et humide dans la région intertropicale, pendant la saison des pluies ; partout ailleurs, il est tempéré et relativement sec. Dans la vallée de l'Amazone, à proximité de l'équateur, la température moyenne est de 25°,56 ; mais l'élévation des terres, la végétation luxuriante et les vents de l'est modifient favorablement les effets de la chaleur. Même dans cette partie du pays, il y a des terres où le climat est doux en été et frais en hiver — Depuis Para, à l'embouchure de l'Amazone, jusqu'à Saint-Paul, tout le long des côtes, le climat est chaud; mais, dès que l'on s'éloigne du littoral, la température s'abaisse sensiblement sous l'influence des chaînes de montagnes qui courent parallèlement aux côtes et sous l'influence de l'altitude. Ainsi, à Rio-de-Janeiro même, il fait très chaud pendant l'été; mais, à une courte distance de la ville, dans des faubourgs situés sur les hauteurs environnantes, on jouit, pendant toute l'année, d'un climat tempéré et délicieux. — Les provinces de Minas-Geraes, Parana, Sainte-Catherine, Rio-Grande-du-Sud et Saint-Paul (à l'exception de la région côtière de cette dernière province) ont un climat analogue à celui du Midi de l'Europe. — En dehors des rives de certains cours d'eau et des terrains bas et marécageux, on ne connaît pas au Brésil, en général, ces maladies d'un caractère grave qui déciment ordinairement les grandes populations. Telle est l'opinion de l'auteur de l'ouvrage : *Du climat et des maladies du Brésil.* Il considère cette contrée comme une des meilleures du globe, et dit qu'elle est pour les deux Amériques ce que l'Italie est pour l'Europe. — En Europe, on ne prononce guère le nom du Brésil sans parler de la fièvre jaune. La fièvre jaune a fait son apparition à Rio-de-Janeiro en 1850, pour la première fois ; depuis lors, elle paraît de temps en temps, pendant les grandes chaleurs de l'été, dans quelques villes du littoral, mais elle ne pénètre jamais à l'intérieur. A Rio-de-Janeiro, à Santos, à Bahia, à Pernambuco, il y a, pendant les grandes chaleurs, des cas de fièvre jaune ; mais, toute proportion gardée, cette maladie n'y fait pas plus de victimes que la fièvre typhoïde ou la diphtérie à Paris. Partout ailleurs, la fièvre jaune est inconnue ou excessivement rare, et les cas d'extrême longévité sont nombreux au Brésil, à tel point qu'on a dit que c'est le *pays des macrobes.*

Population. — Le dernier recensement du Brésil, fait en 1872, donnait à l'empire une population de 12 millions d'habitants. C'est bien peu pour une aussi vaste étendue. Il faut dire, toutefois, que la population augmente assez rapidement, grâce à l'excédent des naissances sur les décès et à l'immigration étrangère. Si le Brésil était peuplé comme la France ou l'Allemagne, par exemple, il pourrait nourrir une population de 700 millions d'habitants. — Les habitants appartiennent à la race blanche, à la race noire, à la race indienne, ou sont issus de croisements de ces trois races. — Le nombre des étrangers est évalué à 500.000. Les plus nombreux sont les Portugais; puis viennent les Allemands et les Italiens. On calcule qu'il n'y a pas plus de 15.000 Français établis au Brésil.

Gouvernement. — L'empire du Brésil est libre et indépendant depuis le 7 septembre 1822. — La forme de gouvernement est monarchique, héréditaire, constitutionnelle et représentative. — La dynastie régnante est celle de Dom Pedro Ier, de la maison de Bragance (Portugal). Le souverain actuel, Dom Pedro II, est né le 2 décembre 1825. Il a succédé à son père, sous la direction d'une régence, à l'âge de de six ans, le 7 avril 1831. Il règne personnellement depuis le 23 juillet 1840, il y aura bientôt quarante-six ans. Il est marié, depuis 1843, à Dona Thereza-Christina, fille de François Ier, roi des Deux-Siciles. Sa fille aînée, la princesse impériale Dona Isabel, héritière présomptive de la couronne, née le 22 juillet 1846, est mariée, depuis le 15 octobre 1864, à Mgr le comte d'Eu, fils aîné de Mgr le duc de Nemours.

Pouvoirs politiques et représentation nationale. — La Constitution politique du Brésil date du 25 mars 1825, et a été complétée par l'Acte additionnel de 1834. Elle reconnaît quatre pouvoirs politiques : le pouvoir législatif, le pouvoir modérateur, le pouvoir exécutif et le pouvoir judiciaire.

Le pouvoir législatif est délégué à l'Assemblée générale, avec la sanction de l'Empereur. L'Assemblée générale se compose de la Chambre des députés et du Sénat. La Chambre compte 125 membres, élus directement pour quatre ans. Le Sénat compte 58 membres à vie, élus comme les députés, mais choisis par l'Empereur parmi trois noms que lui présentent les électeurs. Le pouvoir modérateur est exclusivement délégué à l'Empereur, comme chef suprême de la nation et son premier représentant, pour qu'il veille sans cesse au maintien de l'indépendance, de l'équilibre et de l'harmonie des autres pouvoirs politiques.

Le pouvoir exécutif a comme chef l'Empereur, qui l'exerce au moyen de ministres responsables. Il y a sept ministères : de l'empire (intérieur, instruction publique et affaires ecclésiastiques); de la justice; des affaires étrangères ; des finances ; de la guerre ; de la marine et de l'agriculture, du commerce et des travaux publics. La présidence du conseil est dévolue à l'un des ministres. Le pouvoir judiciaire est indépendant et se compose de juges nommés à vie. Dans les chefs-lieux des provinces les plus importantes, il y a une cour d'appel et des tribunaux de commerce. Le suprême tribunal de justice siège à Rio-de-Janeiro.

Les vingt provinces de l'empire sont administrées par des gouverneurs qui prennent le nom de présidents; ils sont nommés par le gouvernement impérial. Chaque province élit une Assemblée législative, et chaque ville a une Chambre municipale élue.

Religion. — La religion catholique est la religion de l'État. Toutes les autres religions sont tolérées. Nul ne peut être persécuté pour motif religieux. Dans les centres coloniaux, habités par des dissidents, non seulement l'État a autorisé la construction de chapelles, mais encore il a fourni des subventions pour leur construction et a donné des appointements aux ministres des cultes dissidents.

Les enfants non catholiques ne sont pas obligés de recevoir l'instruction religieuse qu'on donne aux enfants catholiques. Les mariages des non catholiques sont respectés dans tous leurs effets légaux. Une loi assure l'état civil de la descendance, en la considérant comme parfaitement légitime, soit que ces mariages aient lieu dans le pays, soit qu'ils se fassent à l'étranger.

Droits des brésiliens. — La Constitution garantit l'inviolabilité des droits civils et politiques, lesquels ont pour base la liberté : liberté individuelle, de pensée, de presse, de conscience, de voyager et de résider, d'industrie; la sécurité et la propriété de chaque citoyen brésilien.

Droits des étrangers. — Les étrangers jouissent de tous les droits civils garantis aux nationaux. La succession des Français décédés au Brésil est réglée par une convention consulaire. Les lettres de naturalisation sont accordées sans *aucuns frais* à un grand nombre de catégories d'étrangers. Les étrangers naturalisés jouissent des mêmes droits et des mêmes prérogatives que les Brésiliens de naissance. Il n'y a qu'une seule exception : ils ne peuvent être élus députés, sinon après six ans comptés à partir de la date de leur naturalisation.

Immigration. — Les avantages offerts aux immigrants se trouvent résumés dans une brochure, dont plusieurs exemplaires figurent dans notre section.

II

Produits du sol

1. Matières alimentaires. — Les céréales — blé, orge, seigle, etc., — sont d'une culture facile et d'un rendement fructueux dans les provinces méridionales de l'Empire, où, cependant, elles ne sont cultivées que sur une échelle limitée. Les légumineuses, spécialement le haricot noir, y sont abondantes et y ont de nombreuses variétés. L'arbre à pain se trouve dans plusieurs provinces; les bananes sont fort communes, et pourraient fournir une fécule recherchée. Le manioc est cultivé partout; il fournit une farine blanche, une farine jaune, plus ordinaire, et le tapioca. Des échantillons de ces diverses farines se trouvent dans notre section. Il en est de même de l'arrowroot. Les

patates douces, les ignames sont aussi très communes et présentent de nombreuses variétés.

Le *Cacaoyer* est exploité principalement dans la province de Parà. La vallée de l'Amazone fournit quelques espèces sauvages. Une grande partie de la production de cette région vient sur les marchés de France, et sert à la fabrication du chocolat et du beurre de cacao.

Le *Guarana*, dont deux échantillons figurent dans la section brésilienne, est fait avec les graines d'un arbrisseau grimpant, le *Paullinia sorbilis,* qui abonde dans certains districts de l'Amazonie. On trouve dans le guarana un alcaloïde identique à la caféine, et il est un stimulant comme le café.

Le *Maté* et le *Coca*, deux succédanés du thé, se trouvent en abondance au Brésil : le coca dans l'Amazonie ; le maté, dans quelques provinces méridionales, spécialement à Santa-Catharina, dans le Rio-Grande-du-Sud, et surtout dans le Paranà. Les nombreux échantillons qui figurent dans notre section sont fournis par M. A. Thomas, de Paris, qui s'en est fait le vulgarisateur en France. Ils viennent tous de la province de Paranà. Des brochures spéciales, qui se trouvent dans la section brésilienne, donnent des détails précis sur cette boisson hygiénique précieuse.

Le *sucre cristallisable* ou *sucre de canne* est l'un des principaux produits de l'exportation du Brésil, dont le sol se prête admirablement à la culture de la canne à sucre, depuis le sud jusqu'à l'extrême nord. D'après

M. F. Faure (1), la production du monde était, en 1876, répartie de la manière suivante :

Cuba et Porto-Rico..............	Tx.	780.000
Possessions hollandaises et danoises	»	250.000
Java..........................	»	200.000
Brésil..........................	»	170.000
Tous les autres pays réunis	»	740.000
Formant un total de..	Tx.	2.140.000

Le port de Rio-de-Janeiro *seul* en a exporté *pour l'étranger :*

En 1878-1879.....	451.702 k.
En 1879-1880.....	1.144.350 k.
En 1880-1881.....	347.470 k.

Pendant ces même années, l'exportation de ce même port *pour l'étranger*, en eau-de-vie de canne à sucre, s'est répartie comme il suit, respectivement :

259.878 litres; 892 474 litres et 177.028 litres.

L'exportation de Rio-de-Janeiro pour les autres provinces de l'empire a été la suivante :

En 1878-1879 :	Sucre.......	1.145.663 kilos
	Eaux-de-vie..	56.275 litres
En 1879-1880 :	Sucre.......	3.732.579 kilos
	Eaux-de-vie..	602.613 litres
En 1880-1881 :	Sucre.......	2.231.504 kilos
	Eaux-de-vie..	438.209 litres

(1) Voir *le Havre en* 1878, cité par M. le Dr G. Pennetier.

Depuis quelques années, la production du sucre de canne a été encouragée au Brésil par des concessions de garanties d'intérêts aux capitaux d'un certain nombre d'usines centrales de sucres (Loi n° 2.687 du 6 novembre 1875). D'après le rapport présenté aux Chambres par le Ministre de l'agriculture, il y avait, en 1883, 51 de ces concessions en vigueur.

Dans toutes les Expositions universelles, le sucre du Brésil a été l'objet de hautes récompenses.

Un très grand nombre de fruits du Brésil servent à la fabrication soit de sirops, soit de confitures. La section brésilienne présente, sous ce rapport, de curieux échantillons. Le délicieux *ananas,* dont la province de Pernambuco présente des variétés sans rivales ; la *manbaga* savoureuse ; le *cubio* jaune ; le *cajou,* d'un emploi si multiple ; l'*araçà ;* le *genipapo* et tant d'autres fruits succulents servent à confectionner d'excellents sirops et des confitures très variées, sans parler des oranges et des citrons.

Les confitures de goyaves sont très recherchées et sont devenues une branche de commerce. En 1880-1881, le seul port de Rio-de-Janeiro a exporté 944.248 kilos de confitures, d'une valeur de 300.000 francs à peu près, et 9.905 litres de sirops divers.

2. Épices et Aromates. — Les principales épices qu'on trouve au Brésil sont : la *Girofle,* la *Malaguette,* dont la saveur est âcre et brûlante ; le *Piment* dit *de*

Cayenne; la *Vanille,* très répandue dans la vallée de l'Amazone; la *Muscade*, la *Cannelle*, le *Gingembre*, dont on fait une excellente confiture, une boisson délicieuse, connue sous le nom de « bière de gingembre », et qui est employé aussi bien comme condiment que comme excitant, en thérapeutique; le *Coumarou*, dont les semences extrêmement aromatiques sont connues sous le nom de *Fèves de Tonka*...

3. Fibres textiles. — La fibre textile qui prime toutes les autres est la bourre légère qui emmaillote les semences du cotonnier. Le *Coton* a toujours été une branche de la production agricole du Brésil, surtout dans le nord. Quand survint la guerre de sécession aux États-Unis, le Brésil put, en partie, parer à la disette du coton, en donnant un développement extraordinaire à sa production. Aussi, à l'Exposition universelle de Paris, un prix spécial lui fut-il décerné pour ce fait. En 1861, le Brésil n'exportait que 10 millions de kilogrammes de coton. En 1871, il en exportait plus de 53 millions et demi de kilogrammes. Pendant les années 1878-79, 1879-80, 1880-81, le port de Rio-de-Janeiro a reçu des autres provinces du Brésil pour 2.800 *contos* de coton, soit environ pour 5 millions de francs. Il y a, au Brésil, un petit cotonnier indigène de l'Amazone (*Algodoim*) qui donne de la cotonnade jaune. Citons parmi les autres fibres textiles : le *Tucuman* (Astrocaryum tucuma), dont les fibres sont déjà exportées; le *Piassaba* (Attalea Funi-

fera); le *Couraua*, broméliacée qui peut être tissée comme le lin, etc.

4. Matières tinctoriales et tannantes. — Dans cette classe, le Brésil fournit à l'industrie et au commerce : le *Roucou*, rouge vermillon qui résiste au savon et aux acides ; l'*Accari-cuara*, qui donne une encre vert d'olive ; les graines de *Cicaité*, qui fournissent une encre qui ne peut être effacée ni par l'acide nitrique ni par l'alun ; les fruits du *Macacu* (Macubea Guyanensis) qui secrètent une couleur sanguine noircissant si on l'expose à la vapeur de l'urine ; le *Fustic* (Maclura tincturia), donnant une couleur jaune ; le *Bois de Brésil*, fournissant une matière fort recherchée ; le *Jarauba*, à la couleur jaune ; le *Bois de campêche*, que tout le monde connaît ; le *Manglier rouge*, dont l'écorce sert au tannage des cuirs ; le *Barbatimao*, dont l'écorce astringente est usitée en teinturerie ; le *Marsaranduba* (Mimusops elata), qui contient une grande quantité de tannin, etc.

5. Gommes, Résines, Sucs épaissis. — L'arbre à caoutchouc ou *seringueira* croît spontanément dans la vallée de l'Amazone et jusqu'à la latitude de 24° Sud, dans les terres humides. Outre le suc épaissi, l'arbre donne des graines qui fournissent une huile. Quelques graines figurent dans la section. La *siphonia elastica* du Brésil fournit les meilleures sortes commerciales de caoutchouc, celles que l'on désigne sous

le nom de Parà. Ce port a exporté, en 1880, environ 8 millions et demi de kilos ; en 1882, près de 10 millions de kilos, d'une valeur de près de 88 millions de francs. La province de l'Amazone exporte annuellement pour plus de 25 millions de francs de caoutchouc. — Les échantillons exposés sont préparés d'après un nouveau système, qui a eu, à Anvers, un diplôme d'honneur, la plus haute récompense. Le suc liquide exposé permet de vérifier les avantages du caoutchouc préparé d'après ce nouveau système.

6. **Matières oléagineuses.** — Les matières grasses animales sont représentées dans la section brésilienne par le beurre de tortue d'eau douce (Emys amazonica), fait de la graisse de ce chélonien ; il remplace, dans les usages culinaires, le beurre et le saindoux. Le nombre des végétaux dont les graines ou les parties charnues des fruits sont huileuses est considérable. Nous avons : les drupes du *Tucum,* qui rendent une huile onctueuse d'une belle couleur cerise ; l'huile de palme du *Dendè* et du *Caiaué,* comestible ; celle de *Bacàba* et des centaines d'autres.

7. **Substances médicinales.** — Citons, parmi les produits de cette classe, les suivants :

Cabacinho (Momordica bucha). — Le fruit du Cabacinho est conseillé contre les hydropisies ; il guérit les douleurs rhumatismales et est employé dans les affections vénériennes.

Canella-Preta (Nectandra mollis). — Environ 10 kilogrammes d'écorce fraîche distillée donnent plus de 3 grammes d'huile essentielle employée en parfumerie Ses feuilles ont la réputation d'avoir des propriétés médicinales. D'autres espèces de la même famille donnent également une huile essentielle ayant les mêmes applications.

Carnicula. — Les fèves de Carnicula abondent dans la province de Pernambuco, où on les considère comme un remède infaillible contre l'érysipèle si l'on en prend six gouttes, dans l'eau, au commencement de cette affection.

Cajurubéba. — Un pharmacien de Pernambuco en a fait une préparation vineuse dépurative, que des célébrités médicales du pays recommandent comme très efficace contre les rhumatismes, les maladies de la peau, les leucorrhées, la syphilis, et, en général, contre toutes les maladies provenant de l'impureté du sang. Cet élixir vineux est composé principalement de produits végétaux brésiliens.

Caroba (Bignonia caroba). — Dans 1.000 grammes de feuilles sèches, M. Peckolt a trouvé 26 grammes de résine balsamique (carabon), et plus de 30 grammes d'une autre résine inodore ; cette substance, comme d'autres dérivés de la même plante, est employée comme dépuratif dans le traitement de la syphilis et des maladies de la peau.

Genipapo (Genipa brasiliensis).— Cet arbre abonde dans tout le Brésil; ses fruits sont comestibles et médicinaux.

Gendiroba. — C'est un petit arbuste, qui produit un fruit rond aplati, lequel contient une amande blanche dont on extrait une huile employée pour l'usage externe dans la cure de l'érysipèle et des dartres. On assure même que cette huile est souveraine contre la morsure des serpents. La Gendiroba est peut-être la même chose que la Valeria guyanensis, ou bois à dartres.

Ipécacuanha (Cephœlis Ipecacuanha). — Tout le monde connaît cet émétique expectorant et diaphorétique. Le Brésil en produit beaucoup, et les qualités de Matto-Grosso et de l'Amazone sont fort estimées.

Jalapa (Convolvulus Jalapa). — On trouve au Brésil d'excellentes racines tubéreuses et drastiques de cette plante, qui ne sont pas inférieures à celles du Mexique. On y connaît : la Jalapa de Saint-Paulo (Piptostegia Pisonis); la Jalapa de Matto-Grosso (C. punicus) et d'autres encore. Toutes ces espèces sont résineuses et constituent de violents purgatifs.

Janauba. — C'est une plante très connue dans les provinces du nord, où l'on s'en sert contre la syphilis et les maladies provenant de l'impureté du sang. L'élixir de Janauba n'exige aucune diète : les doses sont de deux cuillerées à soupe pour les adultes et de deux cuillerées à thé pour les enfants, l'une le matin, l'autre le soir.

Jatropha (Jatropha Curcas). — Cet arbrisseau fournit un suc laiteux, fortement drastique, qui peut être administré à la dose de 4 à 10 gouttes. On en connaît au Brésil deux espèces principales : le Curcas multifidus et le Jatropha Curcas. Des amandes de ces deux espèces, on extrait des quantités considérables d'une huile fine, dotée des mêmes propriétés physiologiques que l'huile de ricin, mais cependant plus active, et une notable quantité d'azote.

Juca (Cœsalpinia ferrea). — Les écorces de cet arbre sont employées dans les affections des poumons, telles que l'asthme, la coqueluche et les toux invétérées. La teinture est un remède efficace dans les contusions.

Jurubéba (Solanum paniculatum). — Le vin préparé avec les fruits de cet arbuste du nord du Brésil est employé pour les engorgements des viscères abdominaux. Distillées, les graines fournissent de l'huile et des extraits alcooliques. La teinture s'emploie aussi en potions.

Jequirity (Abrus precatorius). — L'infusion et la macération du Jeriquity en poudre sont considérées comme excellentes pour les affections des yeux.

Manipueira. — On donne ce nom au liquide qui sort du manioc (Manihot utilissima). On en fait un sirop, qui est recommandé contre l'hydropisie et le béribéri.

Marapuama. — La teinture de Marapuama s'emploie en frictions dans les paralysies partielles, et aussi à l'intérieur.

Mata-mata (Lecythis idatimon). — Le sirop de Mata-mata est employé pour combattre la phthisie pulmonaire.

Quinquina (Cinchona). — Les usages des écorces de ces Rubiacées du genre Cinchona sont trop connus pour que nous y insistions. Le quinquina du Brésil peut rivaliser avec celui du Pérou et de la Colombie.

Ricino (Ricinus communis). — L'huile que l'on extrait de cette plante, appelée au Brésil ricino, mamona ou carrapateiro, est, comme l'on sait, un excellent purgatif. Les semences fournissent 62 0/0 d'huile. On en connaît plusieurs espèces : R. viridis, R. inermis, etc.

Salsepareille (Smilax syphilitica). — On connaît assez l'usage des racines ténues de cette petite plante sarmenteuse et grimpante, qui forme l'une des branches de l'exportation de la vallée de l'Amazone.

8. Peaux.— Les peaux qui figurent dans la section appartiennent au sanglier de l'Amazone et au cerf du même pays. — Le sanglier amazonien ou pécari (Dicotyles torquatus) est abondant dans la vallée de l'Amazone. — Quant aux cerfs, on en connaît plusieurs espèces au Brésil : le cervus campestris, palus-

tris, nemorivagus, rufus, etc. Leurs peaux commencent à être recherchées pour l'exportation.

9. Tabacs. — Le tabac croît spontanément au Brésil ; celui produit par la province de Bahia rivalise avec le tabac de la Havane. Cette province en fournit annuellement 1.400.000 kilogrammes, représentant une valeur de 17.040.000 francs.

Le tabac du Brésil se caractérise par sa force et sa couleur foncée, du moins pour celui de Bahia. Dans la province de Minas-Geraes, le tabac est moins fort et on y a réalisé dernièrement de grands progrès sous le rapport de la récolte.

La culture du tabac dans l'Empire est soumise à un impôt considérable prélevé par le Gouvernement. Le droit actuel d'exportation, tant général que provincial, s'élève à 18 0/0.

L'exportation du tabac du Brésil a été

En 1879-1880, de 22.539.572 kilogrammes.
» 1880-1881, » 19.900.188 »
» 1881-1882, » 23.646.845 »

III

Bois

Parmi les échantillons de bois exposés, nous citerons les suivants :

Acapu blanc. — C'est le Black-heart des Anglais et le Voucapou ou Épi de blé des Français (Vouacapoua americana, etc.); arbre de 22 à 25 m. de haut, avec 1 m. à 1 m. 50 de diamètre au tronc, et un poids spécifique de 0.936 à 0.098. Il est considéré comme l'un des meilleurs bois du monde par sa résistance et son imputrescibilité. On le trouve principalement dans la vallée de l'Amazone.

Acapurana (Wullsclagelia sp.?). — C'est un arbre de la vallée de l'Amazone, excellent pour la bâtisse de luxe et l'ébénisterie ; il reçoit parfaitement le vernis et devient plus beau que le Vinhatico ou Acacia maleolens. Il est jaune avec des veines presque noires et des pores longitudinaux très visibles.

Aderno (Astronium commune). — On le rencontre dans presque tout le Brésil. C'est un arbre de 13 à 15 m. de haut, avec un diamètre de 60 à 70 centimètres au tronc; il a une nuance grise rougeâtre, un tissu fort compact et des pores presque invisibles; on considère ce bois comme étant de première qualité pour la construction.

Andiroba (Carapa guyanensis). — C'est le Carapa des Français et le Crab-wood des Anglais. Sa hauteur varie entre 16 et 18 m.; son tronc a de 2 m. à 2 m. 50 de diamètre. On le trouve dans la vallée de l'Amazone, où il sert pour la construction, tandis que ses semences huileuses et médicinales sont employées pour la fabrication de l'huile et du savon.

Angelim (Andira inermis). — C'est l'Angelin des Français et le Cabbage-Barke-tree des Anglais, qui se trouve dans tout le Brésil, et qui a de 11 à 22 m. de haut; sa plus grande circonférence est de 2 m. 64 à 3 m. 52. Le bois en est très dur, et on l'emploie soit pour des travaux à l'intérieur, soit à des constructions sous l'eau.

Angelim côco (Andira stipulacea, Mart.). — Se trouve dans les provinces du Para, de l'Amazone et de Bahia, et a les mêmes propriétés que le précédent.

Araça (Psidium sp.). — Cet arbre, qui se trouve dans tout le Brésil, a une dizaine de mètres de haut et 3 centimètres de diamètres au tronc; il est d'une couleur pourpre très claire avec quelques veines foncées et de petits pores longitudinaux; son tissu est très compacte.

Araracanga. — C'est un arbre de la vallée de l'Amazone; il a de 8 à 9 m. de hauteur, et mesure 1 m. de diamètre au tronc; on l'emploie dans la bâtisse commune et pour la construction navale.

Aroeira (Astronium sp.). — Cet arbre se trouve dans presque tout le Brésil; on le considère comme de première qualité pour des travaux à l'intérieur et des travaux hydrauliques; il est rouge foncé et d'un tissu compacte.

Batinga. — Cet arbre se rencontre dans le Brésil méridional et central, à partir de Pernambuco; son poids spécifique est de 0,880 à 1,000. C'est un bois jaune-rougeâtre, d'un tissu compacte et avec des pores presque invisibles. Il y en a quatre espèces différentes : le jaune, le blanc, le noir et le rouge.

Camara (Vernonia Camara, Liais). — Cet arbre, qui se trouve dans presque tout le Brésil, a de 8 à 10 m. de haut, avec 15 à 30 centimètres de diamètre au tronc, qui est presque toujours courbé irrégulièrement; son poids spécifique varie entre 0,754 et 0,777. Il a un tissu compacte, blanc-perle, avec les veines quelque peu jaunâtres, et des pores linéaires très fins. Il est de première qualité pour la construction navale.

Camassari (Carapa pyramidata). — Cet arbre, dont la hauteur est de 12 à 14 m. avec 40 à 60 centimètres de diamètre au tronc, croît dans les provinces d'Alagôas, de Bahia et dans les provinces voisines. Son poids spécifique est de 0,755. On l'emploie dans la bâtisse commune; le bois est rose clair, a un tissu compacte et des pores longitudinaux bien visibles.

Cedro, Cedro vermelho (Cedrela sp.; Cedrela sp.; Cedrela brasiliensis). — On en connaît neuf sortes principales : le Cèdre-patate, le Cèdre-blanc, le sauvage, l'odoriférant, le Cèdre de Rio, le Cèdre-mâle, le noir, le rayé et le rouge. Ce dernier, qui a un arôme caractéristique fort agréable, se trouve dans tout le Brésil. C'est un arbre de 20 à 22 m. de haut, avec 2 m. 30 et 2 m. 60 de diamètre au tronc, et un poids spécifique de 0,437. La nuance en est rose, avec peu de veines et des pores très visibles.

Cinzeiro. — C'est un bois excellent, qu'on trouve dans les provinces de Sainte-Catherine et de Rio-Grande-du-Sud.

Conduru (Brosimum conduru). — C'est un arbre des provinces du Parà, de Maragnan, de Bahia et d'autres encore ; il a de 8 à 10 m. de haut, avec 30 à 40 centimètres de diamètre, au tronc, et un poids spécifique de 0,885; le bois, d'une nuance jaune-foncée, très belle, est employé dans les constructions de luxe et dans l'ébénisterie.

Coração-de-Negro. — On rencontre cet arbre, de 8 à 10 m. de haut, avec 50 à 60 centimètres de diamètre au tronc, depuis Alagôas jusqu'à Paranà : le bois en est fort et noir; on l'emploie dans la bâtisse commune et dans la construction navale. L'écorce fournit une résine caustique.

Envireira (Couroutari sp.). — On trouve cet arbre dans la province d'Alagôas et dans les provinces voisines; on en emploie le bois pour la bâtisse commune.

Faia (Cordia sp.). — On trouve cet arbre, de 11 à 12 m. de haut, avec 1 m. à 1 m. 20 de diamètre au tronc, dans la province de Rio, et dans quelques régions du nord; on l'emploie dans la bâtisse commune et dans la construction

Faveira (Mimosa sp.). — Cet arbre se trouve depuis le Parà jusqu'à S.-Paulo; il a de 12 à 13 m. de haut, et de 2 m. à 2 m. 20 de diamètre au tronc; il sert dans la bâtisse ordinaire et pour la construction navale.

Genipapo (Genipa brasiliensis, Mart.). — Cet arbre est abondant dans tout le Brésil, il a de 13 à 15 m. de haut avec un diamètre de 1 m. à 1 m. 20 au tronc; le bois en est dur et compacte, d'une nuance cendrée ou perle, rappelant le poirier d'Europe; son poids spécifique est de 0,736 à 0,805. Il est de première qualité, extrêmement flexible; on en fait des épées pour l'escrime, de la sculpture sur bois, des travaux d'ébénisterie de luxe, des formes de chaussures, etc. Les fruits en sont comestibles et médicinaux.

Gonçalo-Alves (Astronium fraxinofolium). — Cet arbre, de 25 à 30 m. de haut avec un diamètre de 1 m. 50 à 2 m. 50 au tronc, se rencontre dans le centre et le midi du Brésil. Ce bois a le fond d'un rouge foncé avec d'élégantes veines noires, disposées sous forme de belles ellipses concentriques, qui ressortent après le vernissage. C'est un des plus beaux bois du Brésil : on s'en sert dans la bâtisse de luxe, dans la construction navale et dans l'ébénisterie Son poids spécifique est de 0.857 à 1,185.

Guajara blanc, jaune et rouge. — Cet arbre, de la famille des Sapotacées, croît dans la vallée de l'Amazone et dans la province de Maragnan. On l'emploie pour des travaux de bâtisse, à l'intérieur.

Guarubâtinga (Centrolabium sp.). — C'est un bel arbre de la province de Rio-de-Janeiro et des provinces voisines.

Ipé (Tecoma chrysantha). — Cet arbre, qu'on trouve dans tout le Brésil, croît abondamment dans la vallée de l'Amazone; il a de 11 à 13 m. de haut, avec un diamètre de 50 à 60 centim. au tronc. Le bois est d'une couleur foncée, avec des pores visibles ; son poids spécifique est de 0.856. On l'emploie pour toutes sortes de constructions.

Itauba jaune et à veines (Acrodiclidium itahuba). — Ce mot d'itauba veut dire, dans le dialecte tupy-guarany, bois de pierre. L'arbre abonde dans la vallée de l'Amazone ; il a jusqu'à 20 mètres de haut, avec un diamètre de 2 m. 20 à 3 m. au tronc. On emploie ce bois dans la bâtisse et dans la construction navale, surtout pour les travaux exposés à l'action du temps ou de l'eau, car il est très résistant.

Jacaranda (Dalbergia Nigra). — C'est le palissandre. Cet arbre se trouve, plus ou moins abondant, depuis Rio jusqu'à l'Amazone. Il a de 12 à 13 m. de haut, avec un diamètre de 1 m. 20 à 1 m. 60 au tronc. Ce bois, de première qualité pour l'ébénisterie de luxe, a une nuance chocolat, presque noire, avec des veines noires et des pores longitudinaux remplis d'une masse rose ; son poids spécifique est de 0.815 à 0.919 ; ses racines ont des veines et des ondulations ; aussi sont-elles fort recherchées pour l'ébénisterie de luxe. Le port de Rio-de-Janeiro a exporté, en 1878-1879, environ 1.653.000 kilos de palissandre, d'une valeur officielle de 196 *contos* ou à peu près 490.000 francs.

Jandiparana (Gustabia brasiliensis). — C'est une Myrtacée des provinces du nord, très employée dans l'ébénisterie.

Jaqueira (Artocarpus integrifolia). — Cet arbre, qui n'est autre que le Jacquier des Français et le Jack-Wood des Anglais, croît abondamment sur tout le littoral brésilien au nord de Rio; il a de 10 à 15 m. de haut; son tronc mesure de 0 m. 50 à 1 m. 50 de diamètre. C'est un bois dur, de couleur jaune. Il est excellent pour la bâtisse ordinaire et pour la construction navale.

Jetahy, Jetahy-Péba (Hymenæa courbaril). — On le trouve depuis l'Amazone jusqu'à Rio. C'est le Courbaril des Français et le Locust-tree des Anglais. Il a de 20 à 35 m. de haut, avec 2 m. 50 à 3 m. de diamètre au tronc. Ce bois, dont le poids spécifique est de 0.982 à 1.364, a une couleur rouge foncée, avec quelques veines jaunes et de taches foncées; il est dur et résistant; on le considère comme de première qualité pour la construction et les travaux hydrauliques. Il donne la gomme copale, et on en distingue plusieurs espèces.

Louro amarello, faia, giboia, pimenta, verdadeiro et vermelho. — Tous ces bois sont ou de la famille des Cordiacées, comme le Louro jaune (Corda alliodora) ou de la famille des Lauracées, comme le faia (Nectandra sp.) et les autres. Ce bois, excellent pour toutes espèces de constructions, existe dans presque tout le Brésil. Il a de 15 à 20 m. de haut, avec un diamètre de 1 m. à 1 m. 50 au tronc.

Macacauba. — Cet arbre, qui est de la famille des Légumineuses, croît dans la vallée de l'Amazone; il a de 8 à 10 m. de haut, avec un diamètre de 1 m. à 1 m. 20 au tronc. Le bois a une couleur rouge-grise avec des veines plus foncées et des pores linéaires très espacés; son poids spécifique est de 0.754 à 0.957. On l'emploie dans la bâtisse, dans les constructions navales et dans l'ébénisterie.

Macucu (Macubea guyanensis, Aub.). — On le trouve dans la vallée de l'Amazone, et dans la province de Maragnan; il a de 10 à 13 m. de haut et son tronc mesure de 1 m. à 1 m. 10 de diamètre. Il est employé dans la construction ordinaire.

Mandiaqueira. — C'est également un arbre de la vallée de l'Amazone.

Marupauba. — C'est encore un arbre de la même vallée, dont on se sert pour la bâtisse ordinaire et pour l'ébénisterie.

Massarandubu (Mimusops elata). — Cet arbre, qui se trouve dans tout le Brésil, depuis Rio jusqu'à l'Amazone, a de 20 à 25 m. de haut, avec un tronc dont le diamètre est de 1 m. 50 à 3 m.; le bois est rouge foncé avec très peu de veines et un grain très fin; les fibres sont peu visibles et le tissu est très compact; son poids spécifique est de 1.172. Il est de première qualité pour les travaux qui ont à supporter les intempéries, pour les traverses de chemin de fer, etc. Il donne aussi la gutta-percha.

Mucitahyba, ordinaire et noire (Zollernia sp., Zollernia nigra). — Cet arbre croît surtout dans la province de Rio-de-Janeiro ; le bois en est très recherché pour la construction. De la Mucitahyba noire on extrait une encre rouge.

Murta (Eugenia lucida). — C'est un arbre qu'on trouve dans toutes les provinces du nord jusqu'à Bahia. Il a de 6 à 10 m. de haut, avec un diamètre de 30 à 50 centim. au tronc. On emploie ce bois pour la construction ordinaire. L'écorce de l'arbre est astringente et médicinale.

Muyracoatiara, Muyracoatiara tinga (Centrolabium sp. et album). — Cet arbre de la province du Para est excessivement précieux pour l'ébénisterie. Il a de 5 à 8 m. de haut, et son tronc a un diamètre de 50 cent. à 1 m. Le poids spécifique du bois est de 0.928.

Muyrapiranga pintada, Muyrapiranga vermelha (Mimusops balata). — C'est le Balata des Français et le Bullet-tree des Anglais, arbre de la vallée de l'Amazone et de la province de Maragnan, qui a de 20 à 25 m. de haut avec un diamètre de 2 m. 50 à 2 m. 80 au tronc. Ce bois, dont le poids spécifique est de 0.909 à 1.454, a un tissu compact; il est rouge violacé et rappelle le palissandre, quoiqu'il soit beaucoup plus poreux. Il est de première qualité pour la construction, les travaux hydrauliques, les traverses de chemin de fer, etc. Il fournit aussi la gutta-percha.

Mata-mata (Lecythis coriacea). — C'est un arbre de la vallée de l'Amazone ; il a de 10 à 15 m. de haut, avec un diamètre de 50 à 60 centim. au tronc ; ce bois est utilisé dans la construction ordinaire.

Oiticica (Soaresia nitida). — Cet arbre de la province de Rio a de 10 à 15 m. de haut et de 80 centim. à 1 m. de diamètre au tronc ; le bois, dont le poids spécifique est de 0,676 à 0,749, est rouge clair avec un grand nombre de lignes blanches ; on s'en sert pour la construction des barques, des plateaux, etc. Il donne une sève, comme presque tous les arbres de la famille des Artocarpées.

Olandim (Calophyllum brasiliense). — Cet arbre de la famille des Guttifères, croît principalement dans la province de Sainte-Catherine. Le bois est employé dans la bâtisse ordinaire et dans la construction navale ; on en fait de beaux mâts.

Oleo (Myrospermum erythroxylum). — C'est un grand arbre de Rio et des provinces voisines, qui a de 20 à 25 m. de haut, avec 1 m. 50 à 2 m. de diamètre au tronc ; le bois exhale une odeur plus agréable peut-être que celle du cèdre ; il est rougeâtre ; son poids spécifique est de 0,903 à 1,050 ; on s'en sert pour des travaux hydrauliques et aussi dans l'ébénisterie. C'est un des meilleurs bois du Brésil.

Parapara. — Cet arbre de la vallée de l'Amazone présente un bois dur et compact; on l'utilise dans la bâtisse ordinaire, dans l'ébénisterie et dans la construction navale.

Pau-Amarello, de Pernambuco (Maclura affinis). — Cet arbre magnifique fournit de belles billes. L'écorce donne un suc visqueux, et fournit un principe colorant jaune. On en connaît plusieurs variétés.

Pau-d'Arco (Tecoma leucoxylon). — C'est l'ébène vert des Français et le Green-heart des Anglais. Cet arbre qui se trouve dans presque tout le Brésil, a de 20 à 30 m. de haut, avec un diamètre de 1 m. à 1 m.20 au tronc; on s'en sert dans la bâtisse commune, dans l'ébénisterie et dans la construction navale; son poids spécifique est de 0,699 à 1,220.

Pau-de-breu (Icica glabra). — Cet arbre, de la vallée de l'Amazone et de la province de Maragnan, a de 7 à 11 m. de haut, avec 50 à 60 centim. de diamètre au tronc; on l'emploie dans la bâtisse ordinaire surtout pour des travaux à l'intérieur. Il produit une résine.

Pau-de-peso — C'est un arbre de la vallée de l'Amazone; le bois, excellent pour les ouvrages qui doivent présenter une grande résistance, est violet foncé avec des veines presque noires, un tissu fort compact et des pores linéaires presque invisibles.

Pau-macaco (Lecythis sp.). — C'est également un

arbre du nord du Brésil, qui a de 15 à 16 m. de haut, et de 60 à 70 centim. de diamètre au tronc ; le bois sert à faire des poutres.

Pau-rainha (Centrolabium paraense). — C'est un arbre de la vallée de l'Amazone ; le bois, d'un poids spécifique de 1,040, est employé dans la bâtisse, dans la construction navale et dans l'ébénisterie. C'est une variété du Muyrapiranga que nous avons décrit précédemment.

Pau-roxo (Peltogyne discolor et Peltogyne venosa). — Le premier se trouve dans la province de Bahia et le second dans la vallée de l'Amazone ; ce dernier est le bois violet des Français. Il est violet, et excellent pour des rayons de roues, pour voitures, etc. L'arbre a de 15 à 20 m. de haut. Les grands troncs du bois violet de l'Amazone sont presque toujours vides à l'intérieur.

Pau-santo. — Il y en a trois variétés principales : le Pau-santo (Zollernia sp.), le Pau-santo du Nord et le Pau-santo (Kyelmeyra sp., de Mart.). Ce dernier arbre est excellent pour la bâtisse et les travaux hydrauliques ; le bois en est noir, dense et résistant ; son poids spécifique varie entre 1.123 et 1.649.

Peroba. — On en connaît plusieurs variétés : la Peroba simple ou jaune (Aspidosperma peroba) ; les Perobas assu et mirim (Aspidosperma sp.) ; la grise, la noire, la rouge, la violette. Elles appartiennent toutes à la famille des Apocynées.

La Peroba rouge ou rose se trouve dans presque tout le Brésil ; c'est un arbre de 12 à 15 m. de haut, avec un diamètre de 70 à 80 centim. au tronc ; son poids spécifique est de 0.837 à 0.943. Le bois est rose avec des veines plus foncées, un tissu compact, sans pores visibles à l'œil nu ; on s'en sert dans la bâtisse, dans la construction navale et dans l'ébénisterie.

Pinham. — C'est un arbre de la province de Bahia ; il a de 9 à 11 m. de haut, avec un diamètre de 40 à 50 centim. au tronc ; le bois sert dans la bâtisse et dans la construction navale.

Piqui (Caryocar brasiliense). — On trouve cet arbre dans le Brésil septentrional et central ; il a de 11 à 13 m. de haut, avec un diamètre de 1 m. 50 à 2 m. au tronc. Le bois, dont le poids spécifique est de 0,822, est d'un beau jaune, très résistant ; on l'utilise dans la bâtisse, dans la construction navale et dans l'ébénisterie. Le fruit est comestible et fournit une matière nommée « beurre de piqui ».

Potumuju (Centrolabium sp.). — Cet arbre croît dans presque tout le Brésil, principalement dans la province de Bahia. Le bois a un fond jaune avec des veines violettes, un tissu compact et des pores linéaires longitudinaux ; on l'emploie pour toutes sortes de constructions.

Saboarana. — C'est un arbre de la vallée de l'Amazone, haut de 8 à 11 m., avec un diamètre de 1 m. à 1 m. 20 au tronc; le bois est noir.

Sapucahy. — Arbre de la famille des Myrtacées, genre Lecythis.

Sapupira (Bowdichia virgililoides). — On trouve cet arbre dans presque tout le Brésil.

Sebastião-d'Arruda (Physocalymna floridum). — Cet arbre habite principalement le nord du Brésil; il est haut de 8 à 10 m. avec un diamètre de 20 à 30 centimètres. Le bois est compact avec des veines parallèles d'une nuance rose sur fond jaune clair. Son poids spécifique est de 0.894 à 0.900; il est excessivement précieux pour l'ébénisterie de luxe.

Sicupira (Bowdichia major, minor, sp.). — Le Sicupiraassù ou Bowdichia major croît sur tout le littoral brésilien, depuis Rio jusqu'à l'Amazone; l'arbre a de 20 à 25 m. de haut, avec un diamètre de 1 m. 50 à 2 m. 50 au tronc; le bois est gris; son poids spécifique est de 1.120 à 1.113. Il est très employé dans la construction navale.

Sôbro. — Cet arbre croît principalement à Bahia. Il a de 12 à 13 m. de haut, et son tronc a un diamètre de 1 m. 60 à 1 m. 70. — On l'emploie dans la bâtisse, surtout pour des travaux à l'intérieur.

Tachy, Tachy vermelho. — Ce sont des arbres de la vallée de l'Amazone et de la province de Maragnan.

Tamanqueira (Tabebuia leucantha). — Cet arbre croît dans presque tout le Brésil; il est haut de 8 à 15 m.; son tronc a de 80 cent. à 1 m. de diamètre; le bois est blanc, léger et peu résistant; on l'emploie surtout pour en faire des sabots (*tamancos,* en portugais).

Tamaquaré. — C'est un arbre de la famille des Lauracées, qui croît dans la vallée de l'Amazone et dans la province de Maragnan; il a de 10 à 12 m. de haut, avec 2 m. à 2 m. 20 de diamètre au tronc; le bois est gris sans veines, avec des pores linéaires très rapprochés et visibles; son poids spécifique est de 0.687 à 0.790. Cet arbre produit un suc huileux et balsamique, que l'on emploie dans le traitement des maladies de la peau.

Tamboril (Mimosa sp.). — On trouve cet arbre, haut de 10 à 15 m. avec un diamètre de 50 à 80 centim. au tronc, dans la vallée de l'Amazone et dans les provinces d'Alagôas, de Bahia et de Goyaz. Le bois est employé dans la bâtisse et dans l'ébénisterie.

Ucuuba (Plumeria phagedenica?). — C'est un arbre de la vallée de l'Amazone; le bois, résistant et compact, est employé dans la bâtisse et dans les travaux hydrauliques.

Vinhatico, amarello e rajado. — Il y en a de plusieurs espèces, appartenant tous à la famille des Légumineuses (Cœsalpinacées). Le Vinhatico jaune des provinces du nord (Echyrospermum Balthazarii), qu'on trouve d'ailleurs dans presque tout le Brésil, est un grand arbre de 25 à 30 m. de haut, dont le tronc mesure de 1 à 2 m. de diamètre; le bois en est jaune avec des veines et des pores très visibles; ces veines forment de grandes ellipses autour d'un centre plus foncé; son poids spécifique varie entre 0.600 et 0.660; ce bois est de première qualité pour les portes, le parquet et les embarcations; c'est le bois d'ébénisterie le plus commun au Brésil.

IV

Le Café

Le café, originaire d'Arabie, s'est acclimaté avec facilité au Brésil où sa culture est tellement développée qu'aujourd'hui l'Empire fournit, à lui seul, plus de la moitié de la production totale du café dans le monde entier.

On évalue à 360.000.000 de kilogrammes la récolte annuelle du café au Brésil; ce chiffre est par lui-même bien éloquent, surtout si l'on réfléchit, qu'en 1840, la production était seulement du septième de ce total. Depuis vingt ans et plus, les agriculteurs brésiliens ont apporté tous leurs soins à ne planter que les meilleures espèces de caféier et à n'employer que les procédés de culture les plus perfectionnés ; aussi leurs efforts intelligents ont-ils été couronnés de succès et leur ont-ils fait obtenir dans toutes les expositions européennes des médailles d'or et des diplômes d'honneur. Les trois principales provinces du Brésil produisant le café savoir : Rio-de-Janeiro, Minas-Geraes et Saint-Paul contiennent respectivement une étendue de 68.982, — 574.855 et 290.876 kilomètres carrés, soit ensemble environ 935.000 kilomètres carrés, c'est-à-dire plus de 28 fois la surface des Pays-Bas et presque 7 fois celle de Java.

Notre but n'étant point de nous étendre ici sur les procédés de culture du café, nous parlerons de son utilité au point de vue de l'hygiène, comme boisson à la fois agréable, saine, tonique, antifébrile, aidant à la digestion et soutenant en même temps les forces du corps et de l'esprit.

Le Dr Fort, de la Faculté de Médecine de Paris, dit dans une intéressante brochure sur cette matière que « cet excellent remède populaire guérit les malades de fièvres intermittentes, en l'employant de la manière suivante : Prendre une grande cuillerée de café vert en poudre, mélangée avec deux ou trois cuillerées de jus de citron et administrer cette potion quelques heures avant l'accès. »

« On doit considérer le café brûlé, pris en boisson, comme un aliment essentiellement réparateur ou *d'épargne*. On appelle aliment d'épargne une classe de substances qui, sous le point de vue alimentaire, jouissent de la propriété de diminuer ou de retarder la désassimilation. Quand elles sont introduites dans l'organisme, ces substances utilisent les oxidations, c'est-à-dire les combustions et transforment régulièrement la *chaleur en force*. De cette manière, ils épargnent une certaine quantité de matériaux de nutrition et leur action se prolonge pendant plus longtemps. Si, par exemple, dans l'état normal, dix heures sont nécessaires pour consumer, pour assimiler le produit d'une digestion, il en faudra vingt ou trente sous l'influence des aliments d'épargne.

» Le café est classé dans tous nos traités de thérapeutique comme un aliment d'épargne, mais mon opinion particulière est qu'on doit plutôt le classer comme un excitant des centres nerveux. C'est une substance que je considère comme très favorable à la santé ; prise en dose raisonnable, elle agit et excite légèrement le système nerveux donnant de la force et du ton aux diverses fonctions de l'organisme. »

Aux judicieuses observations de ce savant professeur, nous ajouterons ce que dit M. le docteur Carlos Teixeira dans sa brochure intitulée : « Le café du Brésil » brochure à laquelle nous renvoyons tous les lecteurs qui désireraient avoir une idée complète de la question.

« Il est reconnu que le café est un aliment d'épargne et qui peut remplacer avec avantage dans l'économie l'emploi parfois dangereux de l'alcool, cette triste ressource des classes ouvrières, généralement mal nourries ».

« *C'est un devoir urgent d'humanité de combattre énergiquement l'usage toujours croissant de l'alcool et les funestes conséquences de l'abus de cette substance.*

« Ce *desideratum* peut être obtenu de deux façons: ou par l'éloignement de la cause en améliorant l'état des classes ouvrières, ou par la vulgarisation d'une substance qui, produisant les mêmes effets que l'alcool, prise modérément ne soit pas cependant susceptible, en cas d'abus, de produire les tristes conséquences de l'alcoolisme.

» Comme substance bienfaisante en ce genre, il faut placer en premier lieu le café, car en outre d'être un excitant et un aliment d'épargne, il n'exerce jamais d'action pernicieuse même en cas d'excès.

» En effet, on observe que dans tous les pays où la classe ouvrière jouit de quelque culture intellectuelle, l'alcool est remplacé par le café dans la mesure du possible. Il faut donc favoriser ce dessein avec toute l'activité nécessaire et l'on doit s'étonner que les Gouvernements de diverses nations, partant de ce point de vue faux, que le café est un objet de *luxe*, coopèrent par des impôts élevés à priver les classes moins fortunées d'une ressource si puissante et si efficace. Le fait que la consommation du café diminue annuellement et par tête, en conservant toujours une relation directe avec l'augmentation des droits de douane, est grandement prouvé par les statistiques.

« Ainsi, par exemple, en l'année 1879, nous avons les résultats suivants, quant à la consommation par tête :

Allemagne (droits	50 fr.	pour	100 kilos	2.47 kilos.
Autriche »	40.64 »	»	100 »	1.05 »
France »	156 »	»	100 »	1.46 »
Belgique »	13.20 »	»	100 »	5.40 »
Hollande (aucun droit)...............				8.12 »
Suisse (droits, 3 fr. pour 100 kilos)..				3.60 »
États-Unis (aucun droit)..............				3.50 »

« Or, pour que le café puisse graduellement combattre par son influence salutaire les effets pernicieux de l'alcoolisme, il est nécessaire que les droits soient diminués, sinon complètement supprimés.

« Il faut que le café brésilien qui, en outre de la modicité du prix, réunit l'excellence de la qualité, prenne sa véritable place dans le monde commercial, et dans cet ordre d'idées, il convient de restreindre le plus possible le nombre des intermédiaires entre le producteur et le consommateur. »

Le savant auteur que nous venons de citer nous donne l'analyse suivante du café, analyse faite par le professeur Ernest Ludwig sur deux échantillons de café brésilien, l'un nouveau, l'autre ancien :

	ÉCHANTILLON DE CAFÉ NOUVEAU	IDEM ANCIEN
Eau................	11.65 0/0	12.07 0/0
Cendre traitée par C O 2	3.55 »	3.75 »
Tanin..............	5.84 »	7.01 »
Caféine.............	1.16 »	1.75 »
Substances grasses...	16.10 »	114.06 »
Sucre...............	5.96 »	6.36 »
Albumine...........	13.92 »	12.19 »
Cellulose, Pectine, matière extractile.....	43.82 »	42.82 »
Total...	100.00 0/0	100.00 0/0

Le Dr Lucien Martin dans le journal l'*Hygiène Pratique* a publié les lignes suivantes :

« La suppression de l'alcool ne peut être décidée que s'il est remplacé par un liquide jouissant des mêmes propriétés et ne présentant pas les mêmes résultats funestes. Le café ingéré à une température élevée agit en outre par sa chaleur et protège du froid les personnes qui peuvent y être exposées. De plus, le sucre généralement ajouté à cette boisson est un aliment respiratoire de premier ordre.

» Le café est véritablement indispensable aux troupes non seulement pour les soutenir, les exciter et les réchauffer, mais encore pour les préserver ou les guérir d'une maladie fréquente en campagne ou en marche, de la diarrhée, qui épuise et abat promptement le soldat le plus vigoureux. Le café est donc un agent d'hygiène préventive, le meilleur de tous assurément. On se trouve aussi, grâce à lui, avoir sous la main un moyen d'action agréable et efficace contre les fièvres intermittentes qui ne sont que trop communes. »

M. Colliman de l'*Economiste* s'exprime ainsi :

« Le café brésilien est, sans contredit, un des meilleurs.... La spéculation a eu recours au subterfuge et elle s'est enrichie du café de ce pays qu'elle fit écouler tantôt sous le nom de Moka Martinique, tantôt sous celui de Ceylan, Java, Réunion. L'expédient réussit, car les qualités du produit s'y prêtaient si merveilleusement, que les produits brésiliens parvinrent à disputer avec avantage le terrain, même au café de l'Yemen et au cœur de sa production et de son commerce ! »

A la suite d'une mission dont le gouvernement hollandais l'avait chargé en 1883, celle d'étudier la culture du café au Brésil dans l'intérêt des Indes néerlandaises, M. Van Delden Laerne, dans le remarquable rapport qu'il vient de publier, cite avec avantage ce produit du Brésil, comparé avec ceux de l'Asie et de Java. Nous extrayons le passage suivant de son livre intitulé : *Rapport sur la culture du café.* « La question de savoir si telle terre est propre à la culture du café se décide principalement, sinon exclusivement, par la profondeur de la surface labourable. Celle-ci est au Brésil, en général, considérable, à tel point qu'on rencontre fort peu de terre dont la couche inférieure pierreuse, ou pour mieux dire la roche pas encore totalement décomposée en terre (nommée à cet état *pisaru* équivalant à ce qu'à Java on nomme ordinairement *padas*) rende la culture du café difficile ou impossible.

» En vérité le Brésil est, sous ce rapport, un *pays béni*, un pays extraordinairement doté pour la culture du café. On reste réellement ébahi de cette fertilité incomparable. »

V

La Société

« CENTRO DA LAVOURA E COMMERCIO »

Il existe à Rio-de-Janeiro une Société composée de membres aussi actifs qu'éclairés, qui a pris à tâche de faire une propagande sérieuse pour démontrer au public en général et surtout aux nations européennes, les qualités, les vertus, l'utilité du café, ce produit par excellence du Brésil et l'une des sources de sa richesse. Cette association, organisée sous le nom de « Centre de l'Agriculture et du Commerce », est administrée par le vicomte de San-Clémente (président) et MM. J. C. Ramalho Ortigao (vice-président), Honorio Augusto Ribeiro, Hermano Joppert, Miranda-Jordão, le baron de Quartim et le baron de Araujo Ferraz.

La Société « *Centro da Lavoura e Commercio* »

s'est attachée à signaler les nombreuses falsifications auxquelles ce produit est sujet, à indiquer les perfectionnements qui se produisent dans sa culture aussi bien que ceux que l'on pourrait encore y introduire, enfin à combattre les droits de douane qui, en certains pays restreignent la vulgarisation du café. Cette Société a organisé des Expositions en France, à Berlin, et plus récemment à Amsterdam, à Saint-Pétersbourg et à Anvers, ainsi que des Conférences scientifiques et pratiques. Tout cela avec une ampleur de vues, une persévérance et un courage qui témoignent de sa profonde conviction pour cette question nationale de si grande importance pour le Brésil.

En effet, si l'on réfléchit que ce vaste empire produit à lui seul plus de la moitié du café qui se consomme dans le monde entier, on comprendra que cette question du café a une grande portée au point de vue économique, comme au point de vue humanitaire.

La Société « *Centro da Lavoura e Commercio* » formée dans le but patriotique de développer et de perfectionner par tous les moyens en son pouvoir l'agriculture au Brésil, organise chaque année à Rio-de-Janeiro une exposition de cafés, où sont admis tous les échantillons de cafés du pays et où elle réunit également des spécimens de cafés étrangers, pour mettre les planteurs brésiliens à même de connaître les progrès réalisés dans cette culture, tant dans le pays que dans le monde entier.

Les récompenses qui lui ont été décernées dans les expositions précédentes prouvent que les qualités si vantées du café brésilien ne sont pas imaginaires, mais qu'elles sont basées sur des résultats d'analyses aussi sérieuses que désintéressées.

Nous citerons à ce sujet l'opinion du savant Dr E. Ludwig, chef du Laboratoire de chimie de la Faculté de médecine de Vienne :

« Le café du Brésil l'emporte sur les cafés des provenances les plus diverses par la proportion de caféine qu'il contient. »

Liste des récompenses obtenues par les exposants brésiliens à différentes expositions.

On remarquera que la Société « *Centro da Lavoura e Commercio* » y figure avec une distinction toute spéciale.

Exposition Universelle de 1867, à Paris.

Grand prix
Pour culture du coton,
2 Médailles d'or,
3 Exposants hors concours,
16 Médailles d'argent,
38 Médailles de bronze,
44 Mentions honorables.

Exposition de Berlin, en 1882.

2 Grands diplômes avec distinction, dont 1 à la Société « *Centro da Lavoura e Commercio.* »

7 Grands diplômes,
9 Petits diplômes.
5 Mentions honorables.

Exposition Internationale d'Amsterdam de 1883.

2 Grands diplômes d'honneur, dont 1 à la Société « *Centro da Lavoura e Commercio.* »

10 Médailles d'or,
15 Médailles d'argent,
22 Médailles de bronze,
17 Mentions honorables.

Concours régional de Paris en 1883

Médaille d'or du ministère de l'agriculture au Centro.

Exposition universelle d'Anvers en 1885

232 récompenses accordées aux exposants du Brésil.
4 diplômes d'honneur et 4 médailles d'or au Centro.

LISTE DES RÉCOMPENSES

Obtenues par la Société **Centro da Lavoura e Commercio** *dans la région du Midi, pour les Cafés du Brésil, sous la représentation de J. Gestas, agriculteur à Catala, près Agen (Lot-et-Garonne).*

SAVOIR :

1879. Agen. Concours régional. Mention très honorable et spéciale. (Produit étranger.)

1881. Aiguillon. Comice agricole. Même récompense avec félicitations aux planteurs.

1882. Villeneuve-sur-Lot. Comice agricole. Même récompense.

1883. Agen. Concours départemental. Société d'Encouragement à l'agriculture. Grand diplôme d'honneur.

1883. Concours régional de Tarbes. Hors concours par décision du jury faute de rival.

1883. Villeneuve-sur-Lot. Comice agricole. Concours international industriel. Médaille d'or grand module.

1883. Agen. Conseil municipal présidé par M. le Maire. 2 Diplômes de Mérite, dont un personnellement adressé aux planteurs.

1884. Lavardac. Concours départemental. Société d'Encouragement à l'agriculture. Diplôme d'honneur, avec félicitations du ministre, M. Fallières.

1884. Nérac. Concours du Comice agricole. Rappel du grand diplôme d'honneur.

1884. Port Sainte-Marie. Concours du Comice agricole d'Agen. Diplôme d'honneur de hors concours.

1885. Preysas.Concours du Comice agricole d'Agen. Grand diplôme d'honneur spécial.

1885. Concours départemental de Miramont. Rappel de tous les diplômes avec félicitations du Jury pour le Centro da Lavourna e Commercio.

VI

Catalogue

DES PRODUITS EXPOSÉS DANS LA SECTION BRÉSILIENNE

Sucre

Engenho-Central de Lorena. — Municipalité de Lorena. — Province de S. Paulo. — Brésil.

4 échantillons : 1ère sorte.
2e —
3e —
4e —

Engenho-Central da Puresa. — Municipalité de S. Fidelis. — Province de Rio de Janeiro. — Brésil.

2 échantillons : 1re sorte.
2e —

Café

Provinces de Rio de Janeiro. — S. Paulo.
3 Minas.

Divers échantillons des qualités suivantes :

1re bonne.
2e —
1re régulière.
1re ordinaire.
2e —
Moka.
Moka supérieur.
1re régulière.
Régulière Despolpado.
Moka —
Bonne —
Supérieure —
Myrte.
Mauricias.
Java.
Maragogipe.
Jaune de Botucatu.
Café en baie.
— en parchemin.

Ces nombreux échantillons de cafés du Brésil se trouvent, les uns dans des bocaux, les autres dans des sacs.

Les tableaux statistiques suivants se trouvent dans la section :

1) Tableau de l'exportation de cafés du Brésil pour la France de 1830 à 1882.

2) Consommation de café par tête d'habitant dans divers pays du monde.

3) Droits d'entrée dans divers pays du monde.

Trois listes des noms de quelques planteurs au Brésil.

Tableau de l'exportation des cafés du Brésil par les ports de Rio-de-Janeiro et Santos pour l'Europe, les Etats-Unis d'Amérique et l'Afrique australe.

Le cacao.

4 bocaux contenant des échantillons de la province de Parà.

Conserves.

Feijoada.
Quiabos.
Tangerina.
Maracujas.

Ces échantillons proviennent de la maison Vasconcellos et se trouvent en vente chez M. Thomas, 28, boulevard Poissonnière, Paris.

Bois.

Echantillons des bois suivants :

Acapu blanc. — Acapurana. — Aderno. — Amaaante. — Andiroba. — Angelini. — Angelini coco. — Araça. — Arcoira.— Araracangua. — Arariba Roza. — Batinga. — Brésillet. — Bois de rose. — Bois violet. — Camara. — Camassari. — Cangerana. — Cèdre d'Amérique. — Cedro Vermelho. — Châtaignier du Para. — Chêne du Brésil. — Cinzeiro. —

Citronnier. — Conduru. — Copaïer. — Coraçao de Negro. — Ebène. — Envireira. — Faia. — Faveira. Genipapo. — Gonçalo-Alves. — Guajura. — Guarubatinga. — Gurubu. — Ipé. — Itauba. — Jacaranda. — Jandiparama. — Jaqueira. — Jetahy. — Licorana. — Louro. — Macacauba. — Macucu. — Mandiaqueira. — Massaranduba. — Mérisier. — Mucitahyba. — Murta. — Muryacoatura. — Mata-Mata. — Muryapiranga. — Oiticica. — Olandim. — Oleo. — Pao de Peso. — Pao setin. — Parapara. — Pan Amarello. — Pan d'Arco. — Pan de breu. — Pan de peso. — Pan maraco. — Pan-rainha. — Pan-roxo. — Pan santo. — Peroba. — Pinham. — Piqui. — Potumuju. — Saboarana. — Sapucahy. — Sapupira. — Sicupira. — Sobro. — Tachy. — Tamanqueira. — Tamazuaré. — Tamboril. — Ucuuba. — Vinhatico.

Produits divers.

Farine de manioc.
Maïs.
Piments.
Noix du Para.
Noix de caju.
Crevettes conservées.
Tucum.
Confitures.
Schiste bitumineux pour la fabrication du pétrole.
Cuirs pour courroies.

Tapioca

Trois échantilllons :

Tapioca en grains,
— fin,
Crême de tapioca.

Ces échantillons proviennent de la maison Groult.

Arrowroot

Mot indigène : Aru-aru.

Deux bocaux contenant des échantillons de cette farine.

Feijoes ou *Haricots noirs*

Un bocal contenant des fèves.

Maté (thé brésilien)

Cinq bocaux :

Maté en feuille,
— en poudre,
— concassé,
Graines de maté,
4 paquets de maté comme vendus dans le commerce,
1 sac de cuir vide pour le transport du maté.
1 sac de cuir contenant du maté.

Différentes thèses et prospectus.

Brochures sur le maté.

Bonbons maté,
Récipients pour le maté.

Ces produits proviennent de la maison A. Thomas, 28, boulevard Poissonnière, Paris.

Tabac

Tabac en corde,
Feuilles de tabac sèches,
Tabac en poudre,
Cigares de Pernambuco.

Liqueurs

Paraty,
Laranginha,
Maté,
Vin cajù.

Fruits confits

Abacaxi,
Laranja.

1 morceau de caoutchouc de l'Amazone, préparé d'après le système ordinaire.
1 bouteille de sève liquide de caoutchouc.
1 paquet de graines de l'arbre à caoutchouc.
1 morceau de guarana de Manès (Amazone).
1 Grenouille en guarana, du rio Solimoëns.

Produits naturels, industriels, etc., etc.

9 cannes.
2 vitrines d'oiseaux empaillés du Brésil.

2 cadres de papillons du Brésil.
Branches de fruits de palmiers.
Eventails en plumes d'oiseaux du Brésil.
Dentelles.
Hamac des Amazones.
Collection complète des timbres-poste du Brésil.
Flèches des Indiens de l'Amazone non civilisés.
Ecaille de Tatou.
Coco travaillé.

CARTE GÉOGRAPHIQUE DE L'EMPIRE DU BRÉSIL

Photographies du chemin de fer de Paranagua à Coritiba.

Photographie du chemin de fer du Corcovado.

Diverses photographies des principaux points de vue des villes du Brésil.

LIVRES ET BROCHURES

Le Pays des Amazones : livres et brochures donnant des renseignements sur le Brésil et sur les expositions organisées par le Centro da Lavoura e Commercio.

Objets et Produits de l'Amazonie

EXPOSÉS PAR M. DE SANTA-ANNA NÉRY

4 éventails en plumes naturelles, de Manaos (Amazone).

8 calebasses de l'Amazone, ornées et enluminées.

1 carapace de *Jaboty* (tortue de terre).

1 collier de fruits secs, ornement des indiens sauvages de l'Amazone.

1 collier de dents d'Agouti.

1 caracacha, instrument des Indiens.

6 ornements en plumes naturelles des Indiens.

3 pièces de tissu d'écorce d'arbre, fait par des Indiens.

1 pièce de tissu peint, en écorce.

1 vase indien, en bois peint.

1 maraca, hochet indien.

1 peigne indien.

1 paquet de feuilles naturelles, dorées et argentées (Para).

1 banc des Indiens Uaupés.

2 rapes de langue du poisson piraroucou.

1 photographie de l'île de Tatuoca (Para).

2 exemplaires du livre *Le pays des Amazones*.

1 boîte contenant 58 échantillons de bois précieux d'ébénisterie de Para.

2 morceaux de caoutchouc de Para, préparés d'après le système *Macedo-Bentes*.

1 morceau de caoutchouc, préparé d'après le système ordinaire.

1 panier indien avec couvercle, rempli de graines de tabac de Borba (Amazone).

1 bouteille de beurre de tortue d'eau douce.

1 paquet de farine de manioc blanche, du lac Janauary (Amazone).

1 paquet de farine jaune de manioc.

1 râpe en bois pour la préparation de la farine de manioc.

1 tube en tiges de palmier pour passer le manioc (tipity).

1 peau de pécari de l'Amazone.

2 peaux de cerfs de l'Amazone.

(Cette collection a obtenu une médaille d'or à Beauvais ; 2 diplômes d'honneur, 1 médaille d'argent et 1 mention honorable à l'Exposition universelle d'Anvers.)

Pour tous renseignements, s'adresser à Paris, 14, rue de la Grange-Batélière, à M. H.-R. Le Cocq, délégué du *Centro da Lavoura e Comercio* en France.

SOCIÉTÉ INTERNATIONALE

D'ÉTUDES BRÉSILIENNES

Sous le patronage de S. M. l'Empereur du Brésil.

SIÉGE SOCIAL : 14, RUE DE LA GRANGE-BATÉLIÈRE, PARIS

PRÉSIDENT D'HONNEUR, M. DE LESSEPS, de l'Académie française.

PRÉSIDENT DE LA SOCIÉTÉ, M. E. LEVASSEUR, de l'Institut.

PRÉSIDENT DU COMITÉ EXÉCUTIF, M. F. DE SANTA-ANNA NÉRY.

La Société a installé une salle de travail avec livres et journaux, 14, rue de la Grange-Batélière; des Cours de langue portugaise. Elle prépare une Exposition permanente de matières premières du Brésil.

Paris. — Imp. Balitout et Ce, rue Baillif, 7.

SOCIÉTÉ INTERNATIONALE

D'ÉTUDES BRÉSILIENNES

Sous le patronage de S. M. l'Empereur du Brésil.

SIÉGE SOCIAL : 14, RUE DE LA GRANGE-BATÉLIÈRE, PARIS

PRÉSIDENT D'HONNEUR, M. DE LESSEPS, de l'Académie française.

PRÉSIDENT DE LA SOCIÉTÉ, M. E. LEVASSEUR, de l'Institut.

PRÉSIDENT DU COMITÉ EXÉCUTIF, M. F. DE SANTA-ANNA NÉRY.

La Société a installé une salle de travail avec livres et journaux, 14, rue de la Grange-Batélière; des Cours de langue portugaise. Elle prépare une Exposition permanente de matières premières du Brésil.

Paris. — Imp. Balitout et Cᵉ, rue Baillif, 7.

www.ingramcontent.com/pod-product-compliance
Ingram Content Group UK Ltd.
Pitfield, Milton Keynes, MK11 3LW, UK
UKHW020952180726
13838UKWH00003B/1284

9 782329 443966